リアルなコからキュートなコまで！
# 羊毛フェルトの鳥さんたち

とりのとりこ

日東書院

# Contents

### Part 1　コンパニオンバード
*companion bird*

- セキセイインコ ……………………………… 6
- オカメインコ ………………………………… 8
- 文鳥 …………………………………………… 10
- カナリア ……………………………………… 12
- コザクラインコ ……………………………… 14
- ボタンインコ ………………………………… 16
- マメルリハ …………………………………… 18
- キバタン ……………………………………… 20
- ベニコンゴウインコ ………………………… 21
- ヒムネオオハシ、オニオオハシ …………… 22
- クルマサカオウム …………………………… 24

### Part 2　野鳥
*wild bird*

- アヒル ………………………………………… 28
- スズメ ………………………………………… 30
- フラミンゴ …………………………………… 32
- フンボルトペンギン ………………………… 34
- ハシビロコウ ………………………………… 36
- メジロ、オナガ、モズ ……………………… 38
- ルリビタキ …………………………………… 39
- ダイサギ、チュウサギ ……………………… 40

*column*　鳥図鑑 ………………………………… 42

## Part 3 デフォルメ鳥
*deform bird*

| | |
|---|---|
| とりむすび | 46 |
| 肉まん鳥親子 | 48 |
| モモイロインコ、フクロウ、セキセイインコ | 50 |
| オオハナインコ | 51 |
| 白色オウムたち | 52 |
| マグ温泉 | 53 |
| ひよこまんじゅう | 54 |

## Part 4 作りかた
*how to make*

**column** 羊毛フェルトの魅力 …… 56

基本の材料、道具 …… 58
基本の作りかた …… 59
ひよこまんじゅう …… 60
とりむすび …… 63
セキセイインコ …… 67
オカメインコ …… 72

**column** クルマサカオウム・ぶちょーさんと
羊毛フェルトの毎日 …… 78

*Part 1*

# コンパニオンバード
*companion bird*

*sekiseiinko*

*okameinko*

*bunchou*

*mameruriha*

*kibatan*

*benikongouinko*

kanaria

kozakurainko

botaninko

himuneoohashi

onioohashi

kurumasakaoumu

きょうもたくさん遊びましょ。

セキセイインコ

わたし、キレイ？

自分が
いちばん知ってるでしょ。

オカメインコ

難しいこと考えるのが好き。

文鳥

自分で決めれば？

カナリア

好き?

大好き。

今いる場所が
いちばんお気に入り。

ボタンインコ

いつでもどこでも
落ちつく存在。

もふもふ。

マメルリハ

野菜ダイエット中。
……少しだけなら
おやつもいいかな。

キバタン

共通点が1つあればおともだち。

ベニコンゴウインコ

毎日が晩餐会。

ヒムネオオハシ、オニオオハシ

見て見て！ こんなこともできるんだよ。ほめてほめて！

## Part 2

# 野鳥
*wild bird*

*ahiru*

*suzume*

*flamingo*

*onaga*

*mozu*

*ruribitaki*

funborutopenguin

hashibirokou

mejiro

daisagi

chuusagi

晴れた日はゴキゲン。
とりあえずお散歩だな。

アヒル

おなかぺこぺこ。

チャームポイントは
全部です。

ちっぽけじゃないもんね。

🌲 フンボルトペンギン

よく「大きそう」って言われますが、
意外と小さいんですよ、わたし。

🌲 メジロ

🌲 オナガ

🌲 モズ

ルリビタキ

あ、魚だ。

ダイサギ、チュウサギ

## column

# 鳥図鑑

Part1、2で登場した鳥さんたちの生態を紹介します。

※実際の作品のサイズとは異なります。

### セキセイインコ P6-7
体長 約20cm　体重 約35g

カラフルな色合いと、ほっぺのしずく型が愛らしい。人に馴れやすく、遊ぶことが大好きです。オスはおしゃべりが上手な子が多く、個体によっては100以上の単語を覚えます。

### オカメインコ P8-9
体長 約30cm　体重 約90g

長い尾羽と立派な冠羽がチャームポイント。性格はとても温和で、愛する人とのスキンシップが大好きです。とても臆病で、物音などでパニックを起こすことがあります。

### 文鳥 P10-11
体長 約14cm　体重 約27g

白くもちっとしたチークパッチと大きなくちばしが特徴。両足をそろえてピョンピョン歩く姿がチャーミング。ラブバードにも負けない愛情深さをもち、人ともうまく暮らせます。

### カナリア P12-13
体長 約14cm　体重 約40g

鮮やかなカラーが目を惹きます。口笛のような、高く澄んだ鳴き声に、癒される人も多いのだとか。ヒナは入手困難なため、手乗りにするには少し時間がかかります。

### コザクラインコ P14-15
体長 約15cm　体重 約50g

つぶらな瞳と上品な顔立ちをもつラブバード。パートナーへの愛情がとても深く、ふたりの間を邪魔するものには攻撃的になります。ペアで飼うと、人はただのお世話係になることも……。

### ボタンインコ P16-17
体長 約14cm　体重 約40g

目のまわりの白いアイリングと、原色のカラフルさが魅力。ラテン系で情熱的なラブバードですが、他種に比べるとクールな性格です。内気でちょっぴり神経質な面も。

### マメルリハ P18-19
体長 約13cm　体重 約33g

手のひらにおさまるほど小柄ですが、くちばしの力が強く、呼び鳴きの声も大きめです。やんちゃな性格で、元気いっぱい遊んでいる姿はどれだけ見ていても飽きません。

### キバタン P20
体長 約50cm　体重 約880g

全身が白く、長く黄色い冠羽がおしゃれ。人に馴れやすい性格で、飼養下では100年生きた子もいるのだとか。知能が高くおしゃべりも上手で、社交的な子が多いです。

### ベニコンゴウインコ P21
体長 約90cm　体重 約1.2kg

鮮やかな羽の色が魅力的。白い皮膚に、赤い羽のラインが入った顔周りが特徴です。大型種のインコで鳴き声がとても大きく、力も強いため、上級者さん向けの鳥。

### ヒムネオオハシ P22
体長 約52cm　体重 約355g

大きくて長いくちばしが特徴のキツツキの仲間。果実を主食としています。ほかのオオハシより体が小さめですが、強気な性格です。くちばしの中はすかすかでとても軽いそう。

### オニオオハシ P23
体長 約65cm　体重 約600g

「大きなくちばし」という意味をもちます。カラフルなくちばしで、果実などを軽く放り投げて食べます。くちばしの大きさのわりに、小さな物しか食べられないのがおちゃめ。

### クルマサカオウム P24
**体長** 約40cm **体重** 約400g

淡いピンク色がとってもキュート。世界一美しいオウムといわれています。驚いたときや怒ったとき、嬉しすぎて興奮したときは、赤と黄の色鮮やかな冠羽がバッと広がります。

### メジロ P38
**体長** 約12cm **体重** 約10g

春を告げる鳥として有名。白いアイリングが特徴で、野鳥のなかでもっとも小さな部類のひとつ。ツバキやウメなどの花の蜜が好物。公園や住宅地にも飛んできます。

### アヒル P28-29
**体長** 約30cm **体重** 約800g

くちばしと水かきがオレンジ色系で、体が白い「コールダック」と呼ばれる、世界最小のアヒル。人によく馴れるので、ペットとして人気です。野生では池や沼地など、淡水域に暮らしています。

### オナガ P38
**体長** 約37cm **体重** 約70g

長いきれいな尾羽を持つ優雅な見た目に反して、「ギューイ」「ゲェー」と騒がしく鳴きます。都会でも見られ、小さな群れをつくって行動します。幼鳥のころは尾が短めだそう。

### スズメ P30-31
**体長** 約14cm **体重** 約20g

沖縄から北海道まで全国に生息している、私たちにとっていちばん身近な鳥のひとつ。頭は茶色で、目からのどと、ほおに黒い部分があります。両足をそろえ、はねて歩きます。

### モズ P38
**体長** 約20cm **体重** 約30g

オスは黒、メスは褐色の過眼線。「百舌」とも書くように、ほかの鳥の鳴き声の真似が得意。とらえた獲物を枝などに串刺しにする「はやにえ」という習性があります。

### フラミンゴ P32-33
**体長** 約140cm **体重** 約3kg

細長い足と細長い首、曲がったくちばしをもつ不思議な体型の鳥。美しい羽の色は、食べものに含まれる色素がつくりだしています。群れをつくって生活します。

### ルリビタキ P39
**体長** 約14cm **体重** 約15g

口笛のような音質で「ピチチュリ」「ヒョロロ」と語尾が消えるように下がりながら鳴きます。オスの成鳥は頭部から背中にかけて青色の羽毛、メスの成鳥は緑褐色の羽毛。

### フンボルトペンギン P34-35
**体長** 約60cm **体重** 約4kg

ペンギンといえば南極のイメージですが、アフリカや南米にも暮らす種がいます。フンボルトペンギンも温帯地方にいる種で、胸に入った黒色の太いラインが特徴です。

### ダイサギ P40
**体長** 約90cm **体重** 約1kg

大型のシラサギ。夏はくちばしが黒く、冬になるにつれて根元から黄色に変わります。水のなかをゆっくり歩くか、じっと立って魚を探します。カエルも食べちゃう雑食系。

### ハシビロコウ P36-37
**体長** 約140cm **体重** 約6kg

「動かない鳥」として有名。狙った獲物をつかまえるために、数時間もじっとしていることもあるのだとか。大きいくちばしで子ワニも食べちゃいます。絶滅危惧種に指定されています。

### チュウサギ P40
**体長** 約68cm **体重** 約500g

水辺や草地で魚や昆虫をくちばしでつまみ、一度上に放り投げて飲み込みます。黄色の過眼線が目の下で止まっているのがチュウサギ、目の後方まであるのがダイサギです。

43

## Part 3

# デフォルメ鳥
*deform bird*

*torimusubi*

*currymanotoutokun*

*anmankasan*

*hukurou*

*sekiseiinko*

*oohanainko*

pizzamannesan

nikumantosan

momoiroinko

hakushokuoumu

muguonsen

hiyokomanju

なんの具が入っているか
一口めってドキドキするね。

あ、シャケだ！

♥ とりむすび

ピザまん姉さん　　肉まん父さん

♥ 肉まん鳥親子

席替えするんだって。　　くじ運ないんだよな〜。　　次こそあの子の隣に……！

モモイロインコ、フクロウ、セキセイインコ

5時のチャイムだ。
帰ろっか。

オオハナインコ

思い出はいつも
あったかい色。

♥ 白色オウムたち

いい湯だな〜。

サウナ行っとく?

♥ マグ温泉

あまいものは別腹。

ひよこまんじゅう

## Part 4

# 作りかた
how to make

*hiyokomanju*

*torimusubi*

*sekiseiinko*

*okameinko*

column

## ✂ 羊毛フェルトの魅力

　羊毛フェルトの魅力は、羊毛と針さえあれば性別・年齢問わずに誰でも気軽に始められること。ジャンルは手芸ですが、工作といったほうが近い作業なので、不器用な人でも作ることができます。

　おもしろいのは、作っている作品に合わせて自分の表情も変わってしまうこと。笑顔の作品を作っていると自分も自然と笑顔になっていますし、渋い作品を作るとこちらも気難しい顔になってしまうんです。そんな風に、自分の世界に入り込んで作品を作る楽しさを、ぜひみなさんにも味わっていただきたいです。

## 🎀 作品づくりは妥協しないこと

　「ちょっと違うけど、まあいいか」と1か所でも妥協すると、そこを基準にどんどん形がおかしくなり、あとから修正がきかなくなってしまいます。つねに全体を見て、こまめに修正を繰り返すことが、作品を上手に仕上げるコツとなります。
　とはいえ、いきなり完璧なものは作れません。とくに鳥は種類によって形や色数がさまざまなので、ほかの動物を作るよりも難しいかもしれません。根気強く何度も挑戦しましょう。

## 🎀 こだわりは土台の固さ

　土台の固さが作品の仕上がりを決めます。鳥はさまざまな色の羊毛を重ねていくので、土台がやわらかいと羊毛を刺しているうちに形がくずれてしまいます。
　土台の固さは、作品を良い状態で長持ちさせる秘訣でもあります。上のはりねずみのピンクッションは、じつは7年前に作ったもの。毎日使っている今でも変わらずにきれいな姿でいるのは、土台がしっかりしているからです。

# 基本の材料

…提供／ハマナカ株式会社

### 羊毛（ソリッド）
スタンダードタイプの羊毛。色のバリエーションも豊富です。

### 羊毛（ニードルわたわた）
わた状の羊毛。軽く刺すだけでまとまるので、作品のベースを作るのに向いています。

### さし目
目に使用。作品に合ったサイズを選びましょう。

### ワイヤー
鳥の足に使用。丸まったものではなく、まっすぐのものを使います。

### 刺しゅう糸
鳥の足に使用。作品に合った色を選びましょう。

---

# 基本の道具

### フェルティング用マット
ニードルを使った作業をするときに下に敷くマット。

### ニードル
先端に特殊な加工がしてあり、羊毛につき刺すだけで繊維が固まりフェルト化します。複数針つけられるニードルホルダーを使うのもおすすめです。

（レギュラー／極細／フェルティング用ニードルホルダー）

### 目打ち
目や足を差し込むための穴をあけるときに使用。

### ニッパー
ワイヤーをカットするときに使用。

### ラジオペンチ
ワイヤーを曲げたりするときに使用。

### 定規
土台や糸の長さを測るときに使用。

### まち針
パーツの仮止めや、目の位置を決めるときに使用。

### キッチンスケール
羊毛を量るのに使用。0.1g単位で量れるものがおすすめ。

### はさみ
先端が小さめのものがおすすめ。

### ボンド
乾くと透明になる速乾性のボンド。

# 基本の作りかた

羊毛フェルト作品を作るうえで、まずは知っておきたい基本的な知識を紹介します。

## 羊毛の扱いかた

### ● 束を分ける

繊維の向きを横にして、こぶしひとつ半くらいあけて両端を軽く持ちます。

そのまま左右にゆっくり引っ張って分けます。

### ● 束を裂く

繊維の向きを縦にして、左右の手指を束の中に入れて持ちます。

そのまま左右にゆっくり引っ張って裂きます。

### ● ちぎる

束の先のほうを少しつまみ、ゆっくりと引き抜きます。

### ● 微量をとる

羊毛の先の繊維をほんの少しだけつまみ、引き抜きます。

### ● ほぐす

少量の羊毛をちぎっては重ねて、を繰り返して繊維の向きをバラバラにします。

## ニードルわたわたの扱いかた

### ● 手でちぎる

ちぎりたい位置の両側を持ち、左右にゆっくり引っ張ってちぎります。

### ● ハサミで切る

はさみを使って切ります。

### ● 厚みを調整する

平均的な厚さになるように、とくに厚い部分をはがします。

## ニードルの刺しかた

### ● まっすぐ刺す

ニードルで羊毛を刺すときは、刺した角度と抜く角度を変えないことが大切。

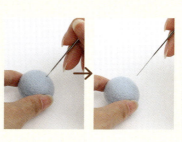

### ● ななめに刺す

まっすぐと同様に、刺したときと抜くときが同じ角度であれば大丈夫。

*Needle felt work No.1*

# ひよこまんじゅう

→ 54ページの作品

入門編

羊毛フェルトがまったく初めての人でも簡単に作れるように考案したやさしい鳥さんモチーフです。ここではおまんじゅうの質感を出すため、ふっくらとやわらかい仕上がりにします。土台を作るときはレギュラー針、それ以外の作業は極細針を使います（全作品共通）。

## 材料

ハマナカフェルト羊毛
ソリッド
黄色（35）…3.5g

その他
さし目5mm…2個
シートフェルト（山吹色）
　…1枚

---

### 実物大イラスト

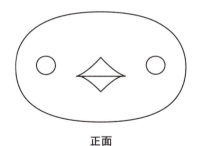
正面

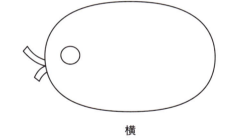
横

くちばし

---

## 作りかた

Point 横幅が太いと巻きにくいので細長い状態のものを用意！

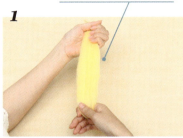

**1** 黄色の羊毛3gを用意する。

**2** 端からくるくると、ふんわりやわらかめに巻いていく。

**3** 最後まで巻いたら両端が広がらないようしっかりと押さえ、巻き終わり部分をレギュラー針で数回刺し、なじませる。

ひよこまんじゅう

**4**

「羊毛を数回刺しては転がす」作業を繰り返して、いろいろな角度から羊毛全体を深めに刺していく。

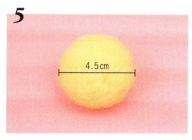

**5**

4.5cm幅のボール型になるまで刺しつける。

**6**

Point つぶすときはぷにっとやさしく♪

高さが3cmになるように指で押しつぶす。

**7**

角をとるようにななめから刺して、全体に丸みをつけて形を整える。

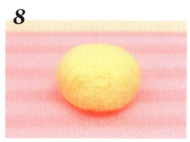

**8**

土台完成。

**9**

黄色の羊毛を薄くとり、土台の全体を覆うように巻きつける。

**10**

Point 深く刺すと針穴が目立ってしまうので気をつけて！

極細針を使って表面を丁寧に刺しつける。

**11**

表面仕上げ完成。

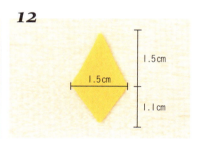

**12**

写真を参考にシートフェルトを切り取り、くちばしを作る。

**13**

はさみで顔の中央にくちばしより少し大きめの幅で切り込みを入れる。

**14**

Point 長いほうを上にしてね

フェルトを2つ折りにし、ニードルの背を使って切り込みの中に押し込む。

**15**

口の中を数回刺しつける。

### 16

さらにくちばしを上下から数回刺して、羊毛とフェルトを絡ませくちばしを固定する。

### 17

くちばしの先端を上下に開く。

### 18

まち針で目の位置を決める。

### 19

目打ちで目の位置に穴をあける。

### 20

さし目の先端にボンドを少量つけて本体に取りつける。

\完成/ できた！

---

**プチアレンジ**

## キーホルダーのつけかた

**材料**
9ピン（20mm）
キーホルダー

### 1

ラジオペンチで9ピンの先を曲げ、先端を少し開いておく。

### 2

キーホルダーの丸カンを、ラジオペンチ2本を使って前後に開く。

### 3

1に2を通したら、丸カンを閉じる。

### 4

ひよこまんじゅうの頭に目打ちで穴をあける。

### 5

3の先にボンドをつけ、差し込む。

\完成/

*Needle felt work No.2*
# とりむすび

→ 46ページの作品

初級編

ここではデフォルメした鳥さんモチーフで、羊毛フェルトテクニックの基礎を学習します。細かいパーツの作りかた、もようの刺しかたなど、初めての人には少し難しいところもありますが、コツさえつかめば簡単に作れるようになるのでがんばりましょう！

## 材料

ハマナカフェルト羊毛
ニードルわたわた（310）
　…2g（4cm×28cm）
ソリッド
白（1）…0.7g
黒（9）…0.5g

濃グレー（55）…0.5g
黄（35）…少量
薄グレー（54）…微量

その他
さし目3mm…2個

### 実物大イラスト

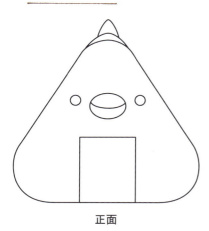
正面

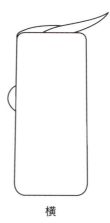
横

冠羽上

冠羽下

## 作りかた

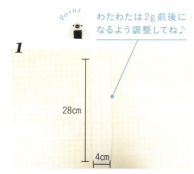

Point: わたわたは2g前後になるよう調整してね♪

28cm / 4cm

ニードルわたわた（なければ白の羊毛）を写真のようにカットする。

右端に合わせてななめに折る。

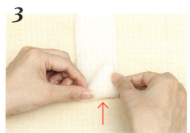

そのまま上へ折る。

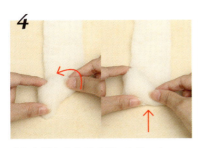

4

次に左端に合わせて折ったら、上へ折る。

5

2〜4を繰り返して最後まで折りたたむ。

6

はみ出たわたわたは側面のラインに沿ってちぎりとる。

7

巻き終わり面を上にして全体を大まかに刺したら、裏面全体も大まかに刺す。

8

土台を立てて側面からも刺す。

9

角の部分は丸みをおびるように、なめに刺す。

10

7〜9を繰り返し、[実物大イラスト]のサイズまで小さく刺し固める。

11

土台完成。

12

白の羊毛を薄くとり、土台全体に巻きつけたら、極細針を使って表面を丁寧に刺しつける。

13

一色の分量目安

黒と濃グレーの羊毛を1:1の分量で少量とり重ねて持ったら、左右に引っ張りちぎって重ねる。

14

ちぎって重ねてを繰り返したら、いろいろな角度に重ねあわせて細かくほぐし、色ムラがなくなるまで混ぜ合わせる。

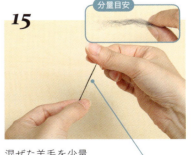

15

分量目安

混ぜた羊毛を少量とり、軽くねじって細くする。

Point
あまりねじりすぎないように

とりむすび

16
のりのアウトラインを刺しつける。

17
表裏ともアウトラインを刺しつけたら、内側に混ぜた羊毛をかぶせて全体を刺しつける。

18
おにぎり完成。

19
白の羊毛を少量とり、細かくちぎってほぐしながら小さくする。

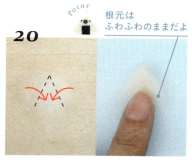
20
Point 根元はふわふわのままだよ
ほぐして小さくした羊毛を［実物大イラスト〈冠羽上〉］を参考に三角形に折りたたむ。

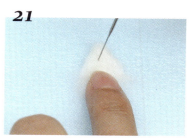
21
裏面、表面をおおまかに刺す。

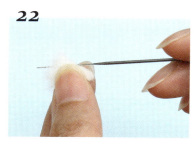
22
手に持ちかえ、側面からふわふわの方向へ刺し、これを繰り返して形を整える。

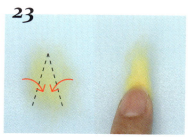
23
黄色の羊毛を白と同量とり、19〜22と同様に縦長の三角形を作る。

24
冠羽上下完成。

25
14の羊毛を少量とり、指先で丸めてラグビーボール状にする。

26
Point 中心部分は軽めに刺してね
顔の中心に置き、側面を内側へ押し込むように刺しつける。

27
薄グレーの羊毛を微量とり、ねじって細くする。

65

## 28

口の中央に弧を描くように刺しつける。

## 29

余った羊毛ははさみで切り落とす。

## 30

冠羽下を頭の中央にのせ、ふわふわの部分を刺しつける。

## 31

冠羽上を重ねて同様に刺しつける。

## 32

目打ちで穴をあけ、ボンドでさし目を取りつける。

完成　めしあがれ

---

**4コママンガ**

● とりむすびでピクニック ●

食べごたえがあるので
ひとりランチには
とりむすび2つでちょうどよい。

つけあわせは
ウインナーとたくあんがおすすめ。

晴れた日は公園で
ピクニックしよう♪

鳥さんに気をつけてね！
おいしかった♥
きゃ〜っ

*Needle felt work No.3*
# セキセイインコ

→ 50ページの作品

初中級編

ここではいよいよ2本足で自立する鳥さんにチャレンジします。土台がやわらかいと、足を差し込むときに形がくずれてしまうので、しっかりとした固さのある土台を作ることがポイントです。

## 材料

**ハマナカ羊毛フェルト**
ソリッド
白（1）…6.5g
水色（58）…1.3g
濃グレー（55）…0.2g
山吹（5）…少量
紺（4）…少量
ピンク（36）…少量

**その他**
さし目4mm…2個
フラワー用ワイヤー
（茶色）#24…2本

### 実物大イラスト

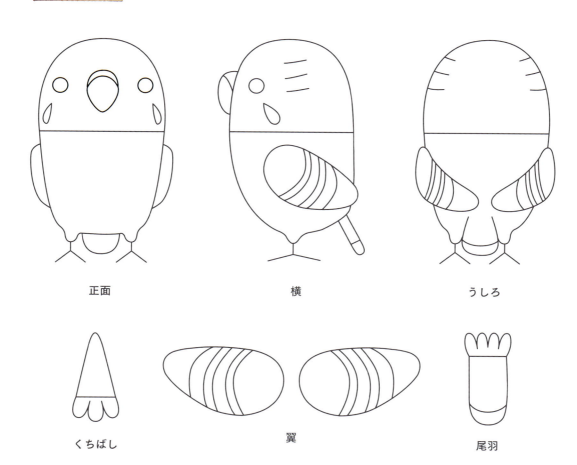

正面　　横　　うしろ

くちばし　　翼　　尾羽

## 作りかた

1 白の羊毛6gを用意し、きつめに丸めて円柱状にする。

2 横に広がらないように両端をしっかりと押さえ、側面をぐるりと1周刺す。

3 上下からも深めに全体を刺しつける。

4 片側のみ上部をななめに刺して頭の形を作る。

Point 背中はまっすぐのままにする

5 土台を寝かせ、底から4分の1の範囲を背中へ向かってななめに刺して、お腹とお尻を作る。

6 全体をまんべんなく刺し、[実物大イラスト]のサイズまで小さくする。

7 正面 横
土台完成。

8 上半分に白の羊毛を薄く巻きつけ、極細針で表面を丁寧に刺しつける。

9 中心よりやや上ぎみの位置から下全体に水色の羊毛0.8gを巻きつけ、表面を丁寧に刺しつける。

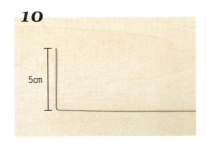

10 足を作る。フラワー用ワイヤーを先端から5cmのところで折り曲げる。

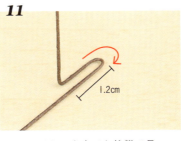

11 5cmのワイヤーを立てた状態で長いほうのワイヤーを1.2cmのところで右方向へ折り曲げ、1本目の指を作る。

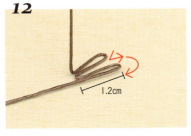

12 ワイヤーを右方向へ折り返したら、1.2cmのところで折り曲げ2本目の指を作る。

セキセイインコ

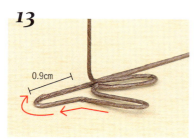

13
中心部分でワイヤーの角度を右ななめ下に軽く折ったら、3本目の指を0.9cmの長さで作る。

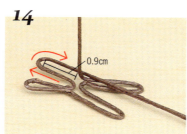

14
4本目の指も0.9cmのところで折り曲げたら、最初に折った5cmのワイヤーの外側を通して1本目の指の上に長いワイヤーを置く。

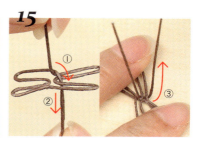

15
そのまま2本目の指の下にワイヤーをくぐらせ、2本目と3本目の間から出したら、ワイヤーを上に曲げる。

16
2本のワイヤーをねじり上げたら、下から3cmの位置でニッパーでカットする。

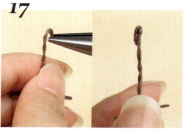

17
ラジオペンチを使って先端5mmを折り返し、隙間ができないようにしっかりと閉じる。

18
開いている指をラジオペンチでしっかりと閉じる。

19
足完成。もう1本も同様の手順で作る。

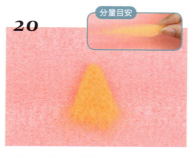

20
山吹色の羊毛を少量とり、[とりむすびの作りかたP65 **19～22**]の手順で三角形のくちばしを作る。

21
まち針を使い、顔の中心より少し上の位置にくちばしを刺したら、ふわふわの部分をぐるっと一周中へ押し込み取りつける。

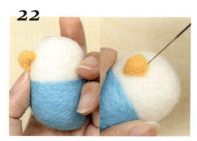

22
まち針を外したら、弧を描くようにくちばしを下へ向け、側面をななめに押し込みながら刺しつけ、全体の形を整える。

23
ピンクの羊毛を少量とり、鼻を刺しつける。

24
目打ちで穴をあけ、ボンドでさし目を取りつける。

| 25 | 26 | 27 |
|---|---|---|
|  |  |  |
| 紺の羊毛を微量とり、しずく型になるよう丸めて目のななめ下に刺しつける。 | 濃グレーの羊毛を微量とり、ねじって細くする。 | 頭のもようを刺す。 |

| 28 | 29 | 30 |
|---|---|---|
|  |  |  |
| 目打ちをかなり強めに刺して深めの穴をあける。 | 足の先端1cmにボンドをつけ、足指の長いほうを手前に向けて取りつける。 | 2本の足が同じ長さになるよう取りつけたら立たせ、ぐらつきがなくなるまで足や指の角度を調整し、そのままの状態で乾燥させる。 |

| 31 | 32 | 33 |
|---|---|---|
|  | 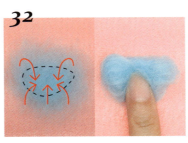 |  |
| 水色の羊毛0.2gを2つ用意し、ちぎりほぐして小さくする。 | 翼の形になるよう折りたたむ。 | 表面、裏面を刺したら、側面から中心に向かって針先が外へ出ないように刺して形を整える。 |

| 34 | 35 | 36 |
|---|---|---|
| 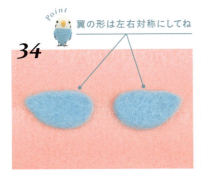 |  |  |
| 翼土台完成。反対側の翼も同様に作る。 | 翼の先端にほぐした濃グレーの羊毛を少量かぶせ、弧を描くように刺す。 | はみ出た羊毛は裏側へまわして、針先が表側に出ないよう浅めに刺す。 |

セキセイインコ

**37** 濃グレーの羊毛を細くとり、もよう2本をカーブを描くようにのせて刺しつけ、はみ出た羊毛を裏側へまわす。

**38** 側面全体を刺して形を整える。

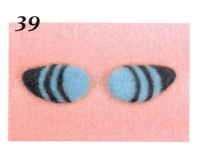

**39** 反対側も同様に作り、翼2枚完成。

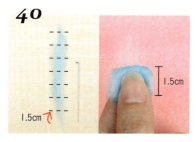

**40** 水色の羊毛0.1g（翼1枚の半量）を用意する。1.5cmの高さで下から折りたたんでいき、最後は先端にふわふわが残るようにする。

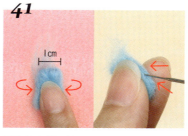

**41** 両端を内側へ折りたたみ、マットの上で表面・裏面を刺す。側面から刺すときはふわふわの方向へ刺し、端が丸くなるよう形を整える。

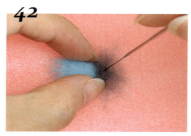

**42** 翼のときと同様に先端に濃グレーのもようを刺しつける。

**43** 尾羽完成。

**44** 足のボンドが乾いたのを確認してから、足のつけ根に水色の羊毛を巻きつけ刺しつける。

**45** 翼の側面全体をななめに刺しながら取りつける。

**46** 尾羽をまち針で固定し、ふわふわの部分をぐるっと一周中に押し込んで刺しつける。

完成

いっしょにあそぼう♪

*Needle felt work No.4*
# オカメインコ
→ 8ページの作品

中級編

いよいよリアル系の鳥さんにチャレンジ！ 最大の難関は足です。足指先端のワイヤーが完全に隠れるまできれいに糸を巻きつけるようになるためには、それなりの練習と経験が必要です。最初のうちは指先のワイヤーが見えてしまっても、そこは割り切って気軽に進めてみましょう。

## 材料

ハマナカ羊毛フェルト
ソリッド
白（1）…11g
クリーム（21）…0.5g
オレンジ（16）…少量
ピンク（22）…少量
ピンクベージュ（47）
　…少量

その他
刺しゅう糸（ピンク）…1m
さし目3.5mm…2個
ワイヤー#24…2本

● 基本の道具以外に
　使用するもの
油性マジック　クリップ

### 実物大イラスト

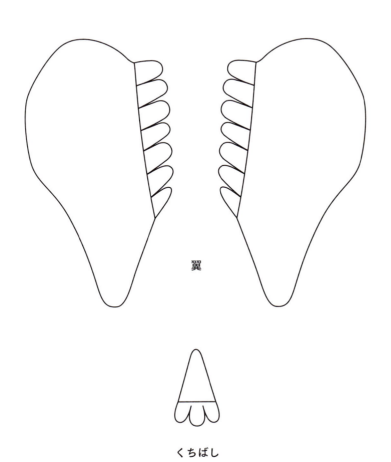

翼

尾羽

くちばし

オカメインコ

横

大きいなぁ〜

♪〜

似てる?!

正面

後ろ

## 作りかた

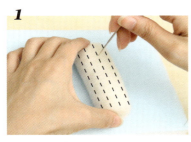

**1** 白の羊毛5gをきつく丸めたら側面を一周刺す。

**2** 上下からも深めに刺して、3cm×8.5cmの円柱型にする。

セキセイインコの作りかたP68 4～5を参考に♪

**3** 片側のみ上部をななめに刺して頭の形を作り、土台を寝かせ、底から4分の1の範囲を背中へ向かってななめに刺して、お腹とお尻を作る。

Point 背中は肉付けしないでね

**4** 胸からお腹、わき腹にかけて、数回に分けて白の羊毛を追加で刺しつけ、肉付けしながら全体の形を整える。

**5** 土台完成。

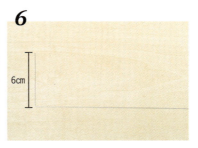

**6** 足を作る。ワイヤーを先端から6cmのところで折り曲げる。

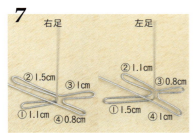

**7** ［セキセイインコの作りかたP68 11～14］の手順で、上記の長さの足の指を4本ずつ作る。

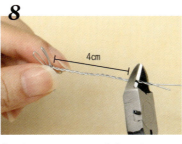

**8** ［セキセイインコの作りかたP69 15～16］の手順でワイヤーをねじりあげたら、下から4cmのところでカットする。

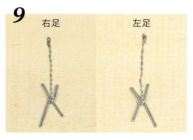

**9** ［セキセイインコの作りかたP69 17～18］の手順で足の土台を完成させる。

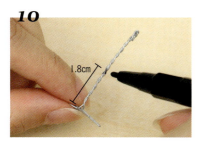

**10** 下から1.8cmのところに油性マジックで印をつける。

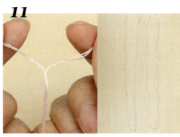

**11** ピンクの刺しゅう糸を1m用意する。6本で1束になっている糸を3本ずつ持ち、中央で裂いて2束に分ける。

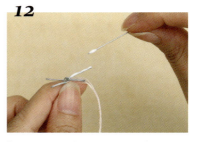

**12** 紙にボンドを出しておく。足裏が上になるようにし、糸端1～2cmを親指で押さえたら、ワイヤーの切れ端で前指の1本にボンドをつける。

オカメインコ

**13** 足のつけ根から糸を巻き、先端まで巻いたら元の位置まで巻き戻し、一度指の股にクロスしてから隣の指へ移る。

**14** 残りの指も、1本ずつボンドをつけては糸を巻く、を繰り返して4本すべての指に糸を巻きつける。

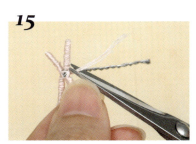

**15** いちばん最初に巻いた指のほうへ糸を引っ張って固定したら、**12**で押さえていた1〜2cmの糸を根元で切り落とす。

**16** 指の中心部にボンドをつけたら、ワイヤーが見えなくなるまでいろいろな角度から糸を巻きつける。

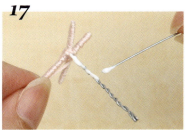

**17** 中心部分のワイヤーが隠れたら、再び糸を固定し、マジックで印をつけたところまでボンドをつける。

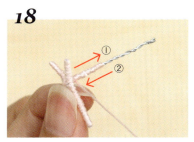

**18** 糸をマジック位置まで巻いたら元の位置まで巻き戻す。

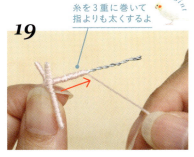

*Point* 糸を3重に巻いて指よりも太くするよ

**19** さらに糸の上から**17**と同様にボンドをつけて、マジック位置まで糸を巻く。

**20** 余った糸をワイヤー上部に2〜3回巻いてクリップで留め、そのまま乾燥させる。もう1本も同様の手順で作る。

**21** 写真を参考に、顔の黄色い部分と翼のラインより少し内側の範囲に白の羊毛を薄くかぶせて極細針で表面を丁寧に整える。

顔と翼のライン

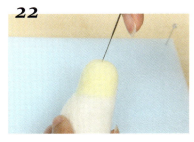

**22** クリームの羊毛を細かくほぐして顔全体（後頭部は除く）にかぶせ、輪郭はくっきりさせずに少しぼかした状態で刺しつける。

**23** ピンクとピンクベージュの羊毛を1:1の分量で少量とり、混ぜ合わせる。

一色の分量目安

**24** ［とりむすびの作りかたP65 **19〜22**］の手順で三角形のくちばしを作る。

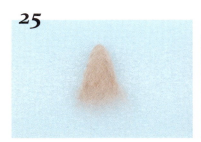

25

くちばし完成。

26

[セキセイインコの作りかたP69 **21〜22**]の手順で、くちばしを取りつける。

27

くちばし上部とおでこにクリームの羊毛をのせて、肉付けしながらくちばし周りの形を整える。

28

クリームの羊毛を微量とったものを3〜5本用意し、バランスをみながら縦一列に刺しつける。

29

はさみでカットして冠羽の長さを調整する。

30

あご下を縦一列に刺しつけて凹ませる。

31

目打ちで穴をあけ、ボンドでさし目を取りつける。

32

オレンジの羊毛を少量とったものをほぐして丸い形にしたら、そのまま刺してほほをつける。

33

20で作った足のクリップを外し、余った糸を根元で切り落とす。

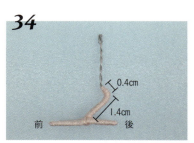

34

写真を参考に足を折り曲げる。

35

目打ちをかなり強めに刺して深めの穴をあけ、ワイヤーの先端にボンドをつけて、マジック位置まで足を差し込んで取りつける。

36

左右の足のバランス、角度を微調整し、両足がぐらつかずしっかりと自立できたら、そのままの状態でしばらく乾燥させる。

オカメインコ

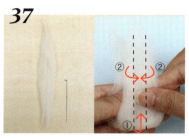

白の羊毛0.4gを尾羽の2倍の長さになるように用意し、2つ折りにしてから両側を内側へ折りたたみ、表、裏、側面を刺す。

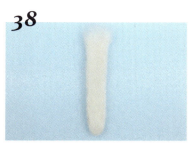

尾羽完成。

白の羊毛0.6gを2つ用意する。

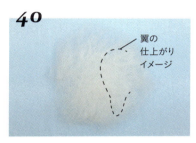

羊毛を細かくほぐしたら翼の形になるよう折りたたむ。

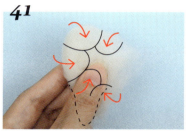

背中はたたまずにふわふわで薄い状態にしておく。

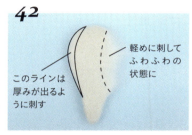

表面、裏面、側面を刺して、写真のように仕上げる。

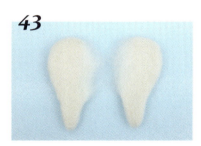

翼完成。反対側の翼も同様に作る。

尾羽をまち針で固定し、上から刺しつける。

翼2枚をまち針で固定し、全体を大まかに刺したらまち針を外して、全体を丁寧に刺しつける。

足のつけ根に白の羊毛を巻いて形を整える。

完成

鏡チェックしなきゃだわ

ここから先のリアルな鳥は、非常に複雑で難しい作業が多いため、今回はプチリアル鳥までの作りかたを掲載しました。

## column

## クルマサカオウム・ぶちょーさんと
## 羊毛フェルトの毎日

撮影／おぴ〜@とうもと

　アトリエ＊toricoの宣伝部長を務めるのは、我が家のクルマサカオウム"ぶちょーさん"。私を宣伝するのが仕事なのに、いつもしゃちょーの私をさしおいて、ぶちょーが前面に出まくっています。ぶちょーさんのもう1つの仕事は作品のジャッジ係。ビビリな性格なので、リアルな作品だと本物の鳥と勘違いして、スタコラサッサと逃げてしまいます。反対にデフォルメ作品は、オモチャだと思って破壊しようと攻撃します。ぶちょーさんの作品チェックのときは、いつもドキドキしますね（笑）。

　私が羊毛フェルトと出会ったのは8年前。インターネットで羊毛フェルトの存在を知りさっそく作ってみたところ、羊毛フェルトの楽しさに感動。この感動をみんなにも伝えたい、そしていっしょに共有したい！　と講師になることを決意。そこから試行錯誤を繰り返し独学で作品を作り続け、2年後に念願の羊毛フェルト教室を開講しました。教室のいちばんの楽しさは、生徒さんの笑顔が見られること。最初は少し緊張気味な生徒さんも、作業を進めるうちに羊毛フェルトの楽しさを実感してくれているのが伝わり、作品が完成した時にはみんな満面の笑顔になっています。私が初めて作品を完成させた時と同じ喜びを、生徒さんといっしょに共有できることが何よりも嬉しいです。作りたいモチーフがたくさんありすぎて、次はどの鳥を課題にしようか毎回悩みますが、みんなに楽しく学んでいただける教室になるように、これからもがんばります！

> とりこの生活
> のぞき見

（左）デフォルメ・ぶちょーさんとご対面。（右）ぶちょーさんを攻撃するぶちょーさん。

作家デビューの記念写真。ふたりそろってちょっと緊張気味。

ぶちょーさんはなでなでが大好き。かちょー（とりこの夫）には気分次第でなでさせてあげます。

> 羊毛フェルト
> 教室

池袋コミュニティ・カレッジでの羊毛フェルト教室のようす。

ステップごとに、作りかたをデモンストレーション。

終始なごやかな雰囲気で、ときには笑いが飛び交いながら作品づくりを進めます。

生徒さんの作品。一羽一羽表情がちがうところがかわいい♪

## とりの とりこ

羊毛フェルト作家・講師。
東京都出身。グラフィックデザイナー・イラストレーターを経験後、2008年に羊毛フェルトと出会い、制作を始める。主な受賞歴に、2011年クラフトカフェ主催「羊毛フェルトコンテスト」銀賞、同年主婦と生活社「コットンタイム」ハンドメイドコンテスト優秀賞など。2010年より羊毛フェルト教室を開講し、初心者向けのマスコットから上級者向けのリアルな鳥まで幅広く指導を行う。著書に『羊毛フェルトマスコット 魔法のテクニックBOOK』(マガジンランド)。
著者HP http://torinotorico.hannnari.com/
ブログ http://torinotorico.3rin.net/

### Staff
撮影 ──────── 布川航太、勅使河原真(p.56〜77)
スタイリング ───── ナカイマサコ
デザイン ─────── 内藤富美子、梅里珠美(有限会社北路社)
編集協力 ─────── 伊藤佐知子、新村みづき(株式会社スリーシーズン)
企画・進行 ────── 中嶋仁美

資材協力
ハマナカ株式会社 http://www.hamanaka.co.jp/

【京都本社】
〒616-8585
京都府京都市右京区花園藪ノ下町2-3
TEL:075-463-5151

【東京支店】
〒103-0007
東京都中央区日本橋浜町1-11-10
TEL:03-3864-5151

---

リアルなコからキュートなコまで!
## 羊毛フェルトの鳥さんたち

2015年11月30日 初版第1刷発行

著 者　とりの とりこ
発行人　穂谷竹俊
発行所　株式会社日東書院本社
　　　　〒160-0022
　　　　東京都新宿区新宿2丁目15番14号　辰巳ビル
　　　　Tel.03-5360-7522(代表)
　　　　Fax.03-5360-8951(販売部)
　　　　http://www.TG-NET.co.jp/
印刷所　大日本印刷株式会社
製本所　株式会社宮本製本所

●本書の内容を許可なく無断転載・複製することを禁じます。
●乱丁・落丁はお取り替えいたします。小社販売部までご連絡ください。

＊読者の皆様へ
本書の内容に関するお問い合わせは、お手紙かメール(info@TG-NET.co.jp)にて承ります。
恐縮ですが、お電話でのお問い合わせはご遠慮くださいますようお願いいたします。

本書の掲載作品について、営利目的(キット販売、オークション販売、スクール運営など)で複製すること
は禁止されています。

©Torico Torino, Nitto Shoin Honsha Co.,Ltd.2015
Printed in Japan
ISBN 978-4-528-02046-7 C2077